# Le Petit Picasso

Catherine de Duve

*Entre dans l'univers du célèbre peintre espagnol*

KATE'ART
EDITIONS

# LE PARIS

C'est la Belle Époque ! La révolution industrielle bat son plein. On construit toujours plus grand et plus beau ! Le Grand Palais, la gare d'Orsay, le pont Alexandre III...

Paris accueille l'Exposition universelle de 1900. Chaque pays est représenté par un pavillon pittoresque où il expose ses avancées scientifiques, ses inventions, sa culture, son art...

Picasso a 19 ans et un de ses tableaux est sélectionné pour le pavillon espagnol. Il se rend pour la première fois à Paris. Que voit-il ?

Au pied de la tour Eiffel, on admire un globe céleste.

Les frères Lumières projettent leur film pour la première fois sur un écran géant.

# DE PICASSO

Le palais de la « Fée électricité » est illuminé à la gloire de l'électricité qui apparaît de plus en plus dans les maisons, les rues, les usines, les chemins de fer.

Le métropolitain, première ligne de métro de Paris, est ouvert. Les entrées sont dessinées dans le style Art nouveau par Hector Guimard.

L'empire français a des colonies en Afrique. Objets, masques, statuettes africaines… entrent dans les musées de Paris. Picasso les collectionne.

# PABLO PICASSO

Pablo Ruiz Picasso naît le 25 octobre 1881 à Malaga, en Espagne. Son père est décorateur, peintre et professeur de dessin, sa mère est andalouse. Pablo a deux petites sœurs, Dolorès et Conchita. Il apprend à peindre avec son papa et réalise ses premiers tableaux à 8 ans. Il est très doué !

Il entre à l'école des Beaux-Arts où son père enseigne, ensuite à l'Académie de Barcelone où la famille déménage. Mais le petit génie s'y ennuie… Il prend un atelier avant de partir étudier à Madrid.

*Picasso a 15 ans quand il expose ce tableau de style académique* La Première Communion. *Son talent est déjà reconnu et il reçoit une médaille d'or.*

En 1900, le jeune peintre espagnol débarque à Paris pour la première fois ! Picasso visite l'Exposition universelle. L'année suivante, il s'installe à Montmartre avec son ami Casagemas. Il découvre les peintures de Cézanne*, Degas*, Bonnard et surtout celles de Toulouse-Lautrec qui le fascinent.

*Toulouse-Lautrec*

*Degas*

**Observe les artistes que Picasso découvre à Paris. Que peignent-ils ?**

*Cézanne*

* *Pour en savoir plus, découvrez* Le Petit Cézanne *et* Le Petit Degas *dans la même collection.*

# PÉRIODE BLEUE

## 1901-1904

De retour à Barcelone, Picasso peint plus de cinquante toiles en un peu plus d'un an. La couleur bleue envahit ses tableaux ! C'est la couleur qui exprime sa tristesse, car son ami Casagemas, resté à Paris, s'est donné la mort. Picasso est bouleversé !

À Paris, le jeune peintre espagnol expose chez le marchand de tableaux Ambroise Vollard. Quel succès ! Quinze tableaux sont vendus avant l'ouverture de l'exposition. Il signe ses toiles « Picasso » du nom de sa mère.

**Quel nom d'artiste choisirais-tu ?**
**Inscris ci-dessous ta signature d'artiste.**

En 1903, Picasso peint une famille de pauvres au bord de la mer. Vois-tu la plage et les vagues ? Ces personnages ont l'air misérables et seuls. Picasso allonge les corps, à la manière du maître ancien Le Greco (maniérisme) qu'il admire. C'est le début de sa « période bleue ».

*Le Greco*
*1541-1614*

**Que ressens-tu devant cette toile ?**

# PÉRIODE ROSE

## 1904-1907

En 1904, Picasso s'installe définitivement à Paris. Il loue un atelier au « Bateau-Lavoir » où vivent les artistes Van Dongen, Gris, Brancusi, Modigliani, Max Jacob... Il rencontre Fernande Olivier, sa première compagne. Picasso visite le salon d'Automne de 1905 où il découvre les œuvres de Rousseau*, Cézanne*, Manet* et celles de Matisse* qui font scandale!

Picasso et ses amis se rendent souvent au cabaret *Le Lapin agile*, car le patron accepte d'être payé en dessins. Depuis son atelier, le peintre aperçoit la tente du cirque Médrano. Picasso aime peindre les arlequins, dompteurs, clowns et saltimbanques. Vollard lui achète la plupart de ses tableaux et Picasso peut vivre enfin sans soucis d'argent.

**Dessine ta période rose.**

* *Pour en savoir plus, consultez dans la même collection* Le Petit Manet, Le Petit Rousseau, Le Petit Cézanne, Le Petit Matisse.

Qui sont ces personnages costumés ? Une famille de saltimbanques discute dans un désert. Que se disent-ils ? On dirait des personnages sortis de tableaux anciens ! Malgré leur nombre, un sentiment de mélancolie et de solitude plane. Le bleu du ciel disparaît peu à peu de la toile et laisse apparaître des tons ocre et rose. C'est le début de sa période rose.

# DEMOISELLES D'AVIGNON

## 1907

À 26 ans, Picasso peint un tableau révolutionnaire ! Pendant plus de 9 mois, il travaille en secret. Il réalise de nombreux dessins préparatoires et s'inspire des sculptures *ibériques*, aux grands yeux ouverts et des masques africains, aux traits marqués et scarifiés (hachures).

***Ibériques** : provenant de la civilisation antique de la péninsule ibérique, située entre l'Espagne et le Portugal.*

Voici les demoiselles d'Avignon !
Où sont-elles ? L'une d'elles ouvre un rideau de scène rouge-brun.
Derrière, un lourd drapé bleu et blanc forme des plis géants. Brr… c'est glacial, on dirait un iceberg.
Elles nous regardent bizarrement.
Leurs yeux exorbités nous fixent.
Quels grands nez ! Toutes sont de profil « afin que les gens voient les nez » explique Picasso. « Un jour, plus personne n'aura l'impression qu'ils sont de travers ! »
Les corps ont de grossiers traits anguleux.
Picasso ne veut pas réduire ces figures à une seule position.

**Qui voit-on à la fois de profil, de face et de dos ?**

Combien de personnages comptes-tu?
Retrouve la femme accroupie, le rideau, la nature morte, les visages inspirés de masques africains.

# CUBISME

Un jour, le peintre George Braque se rend dans l'atelier de Picasso. Il s'exclame devant *Les Demoiselles d'Avignon* : « C'est comme si quelqu'un avait bu de l'essence et crachait des flammes ! »

Les deux artistes élaborent ensemble le cubisme. Ils ont appris la leçon de Paul Cézanne* qui peint par petites facettes cubiques ouvrant ainsi une nouvelle dimension en peinture.

Comme un puzzle, Picasso fait éclater en morceaux paysages, portraits ou natures mortes. Les éclats de réel, suggérant la multiplicité des points de vue, sont assemblés sur un fond en camaïeu gris-brun.
C'est le **cubisme analytique** (1908-1912).

**Replace les détails du portrait dans le tableau.**

*Cheveux*

*Nez*

*Bouteille*

*Mains*

*Chaîne*

*Bouton*

* *Pour en savoir plus, consultez dans la même collection* Le Petit Cézanne, *pp. 28-29 et* Le Petit Matisse, *p. 15.*

Le mot « cubisme » vient du peintre fauviste Henri Matisse* qui parle de « petits cubes » et du critique d'art Louis Vauxcelles qui, lors de l'exposition de Braque à la galerie Kahnweiler, écrit dans son article du 14 novembre 1908, « Monsieur Braque méprise la forme, et réduit tout à des cubes ».

**En 1910, Picasso peint le marchand de tableaux Kahnweiler. Le vois-tu dans cette toile ?**

# GUITARE

L'été 1910, Picasso peint avec son ami Derain, à Cadaquès en Espagne. Il réalise dix nouvelles toiles. Voici le guitariste et son instrument. Les aperçois-tu ? Ils sont construits de lignes et d'angles. Entends-tu le rythme saccadé de la guitare ? Que joue-t-il ? La tête est devenue un cylindre. Où se cache le reste du corps ?

Retrouve la guitare dans le tableau.

L'année suivante, Picasso rencontre Eva Gouel. Il lui donne un petit surnom qu'il chantonne gaiement. Quel est-il ? Dans ce tableau, une femme entonne un refrain d'une chanson populaire, *Ma Jolie*. Est-ce Eva ?

Les lignes, segments, diagonales… envahissent la toile dans tous les sens. On n'y voit plus rien ! C'est presque de l'abstraction. Pourtant, des traces nous indiquent la présence du sujet.

**Retrouve la femme, 4 doigts, les cordes de la guitare, le surnom d'Eva, la clé de sol.**

# COLLAGE

Braque explore une nouvelle technique. Ancien peintre en bâtiment, il introduit des lettres aux pochoirs, utilise un peigne pour imiter le bois et colle du sable ou des papiers sur sa toile. Le papier collé est inventé !

**Réalise une nature morte à la manière de Braque et Picasso dans ce cadre. Comme eux, assemble des objets. N'oublie pas de coller un élément réel.**

À son tour, Picasso a une idée ! Il colle une vraie toile cirée imitant une chaise cannée. Quel effet surprenant ! Il introduit un morceau de réalité dans son tableau. C'est du jamais vu ! Au fond, pourquoi imiter un pinceau alors qu'on peut le coller sur la toile ?

Picasso veut revenir à la réalité. Il évoque l'atmosphère des cafés dans ses toiles en introduisant du faux bois comme les tables de bistrot, des lettres et des chiffres au pochoir, comme la typographie des journaux.

**Vrai ou faux ?**

Parmi ces objets, retrouve les éléments réels et ceux peints en trompe-l'œil : citron, verre, pipe, corde, journal, toile cirée.

**En quoi est réalisé le cadre ?**

# ARLEQUIN

Après les collages, Picasso retourne à la peinture. Il peint maintenant ce qu'il aurait collé avant. C'est l'imitation de l'imitation. Un jeu d'esprit ! C'est la seconde période, le **cubisme synthétique** (1912-1919).

Observe l'arlequin. À ton avis, est-ce un collage ou une peinture ?

L'année suivante, les œuvres de Braque et de Picasso sont exposées à New York, mais la déclaration de guerre met un terme à leur collaboration. En août 1914, Braque est mobilisé et Picasso, de nationalité espagnole, peut continuer à peindre. Son style est à nouveau classique comme dans sa période rose. Il s'inspire des personnages de la *Comedia dell'arte* comme Harlequin et Pierrot.

**Qui sont ces 4 personnages masqués ? Retrouve Pierrot jouant de la clarinette, Arlequin grattant une guitare, le moine tenant une partition et le chien.**

# DANSEUSE

En 1917, Picasso rejoint les Ballets russes et l'impresario de la troupe, Diaghilev, à Rome. Il réalise les costumes et les décors du ballet *Parade* ainsi que le rideau de scène. Il rencontre le compositeur Stravinski et une danseuse russe, Olga Koklova qu'il épouse en 1918.

En Italie, Picasso visite Rome, Naples, Pompéi… et découvre l'Antiquité. Il peint des femmes monumentales aux gestes sortis d'une fresque antique.

Picasso le Méditerranéen aime passer ses vacances au bord de la mer. Voici deux géantes drapées à l'antique, lourdes comme des statues et souples comme des danseuses courant sur la plage. Serait-ce Olga peinte aux formes de la maternité ? Leur fils Paulo naît en 1921.

**Observe le tableau.**

Vois-tu les danseurs ? Combien sont-ils ? Donne un nom à leur danse. Où se trouvent-ils ?

L'été 1925 est tourmenté. Picasso se sépare d'Olga. Son art est plus agressif. La même année, le peintre participe à la première exposition surréaliste à Paris, un nouveau mouvement artistique*.

* *Pour en savoir plus, consultez* Le Petit Magritte *dans la même collection, pp. 10-11.*

# GUERNICA

En avril 1937, la *guerre civile* fait rage en Espagne. La petite ville basque de Guernica est bombardée par les avions allemands nazis, à la demande du général Franco. Picasso veut montrer les horreurs de la guerre et la souffrance de son peuple. Il choisit une gamme de gris et peint la violence comme celle d'une corrida. Vois-tu le torero gisant, le cheval agonisant et le taureau vainqueur ?

## Retrouve ces éléments dans le tableau:

**Le cheval**: le peuple espagnol qui souffre et se débat.
**La lampe et l'ampoule**: la raison des hommes qui ont perdu la tête.
**Le taureau**: la force brutale des ennemis.
**Le torero**: symbole de l'Espagne blessée à mort.

***Guerre civile d'Espagne**: de 1936 à 1939, cette guerre oppose les Espagnols dans leur pays, d'un côté les nationalistes et de l'autre, les républicains qui voient la victoire du dictateur Franco.*

# MAYA

Picasso a eu plusieurs compagnes qu'il peint.
Elles sont la source de son inspiration.
Il a quatre enfants : Paul, Maya, Paloma et Claude.
Il aime les peindre et désire retrouver leur spontanéité créative.
Il s'inspire des dessins d'enfants pour retrouver cette manière libre et sans règle de peindre. Quelle fraîcheur !

*A huit ans, j'étais Raphaël.
Il m'a fallu toute une vie pour peindre comme un enfant.*

À quoi joue la petite Maya ? Elle est la fille de Picasso et de Marie-Thérèse Walter. Picasso déforme son visage en le montrant de face et de profil. Pourtant, la ressemblance est réelle.

**Retrouve les jouets de Maya. Quel âge a-t-elle ?
Quelle coiffure porte-t-elle ?**

# ANIMAUX

Picasso est touche-à-tout. Il s'amuse à réaliser des sculptures en matériaux de récupération, parfois récoltés sur des poubelles. Il imagine une tête d'animal à partir d'objets trouvés. Que faire avec une selle et un guidon de bicyclette ?

**Quel animal vois-tu apparaître ?**

selle et guidon de vélo

plâtre, métal, feuille de palmier

bois

panier en osier

Picasso aime vivre entouré d'animaux : chien, chat, canari, chouette, âne, tourterelle et même une chèvre, Esmeralda, qui le suit partout.

**En quoi est réalisé Esméralda ?**

En 1948, Picasso s'installe à Vallauris.
Il réalise des céramiques, assiettes, plats, vases…

**Comme Picasso, fais de cette assiette une œuvre d'art.**

# PICASSO

Picasso est depuis son enfance fasciné par les grands peintres. À l'âge de 14 ans, il visite le musée du Prado, à Madrid en compagnie de son père. Là, il découvre les tableaux du peintre *Diego Velásquez*. Des années plus tard, en 1957, Picasso s'enferme chez lui pendant quatre mois et se plonge à nouveau dans les œuvres du peintre espagnol. Pour Picasso, Velásquez est le « peintre des peintres ».

***Diego Velásquez** (1599-1660) est le peintre de la cour du roi d'Espagne Philippe IV. Il est considéré comme l'un des plus grands peintres de l'histoire de la peinture espagnole.*

**Compare les deux tableaux. Trois cents ans les séparent! Lequel préfères-tu?**

# VELÁSQUEZ

# MATADOR

À la fin de sa vie, Picasso a la nostalgie de son pays natal. Les grands personnages espagnols ressurgissent dans sa mémoire : conquistadors et mousquetaires portant cape, bottes, chapeau à plumet, jabot en dentelle… Ils ont l'air chevaleresques et rigolos à la fois !

Picasso se souvient des corridas de son enfance. Voici le fier matador, C'est le torero principal. C'est lui qui dans l'arène réalise les passes avec sa cape rouge et la mise à mort du taureau. Que fume-t-il ?

**Retrouve les éléments du costume du matador.**

Pablo Picasso meurt le 8 avril 1973, à l'âge de 93 ans à Mougins, en France. Il est l'un des plus grands artistes du XXe siècle.

**Texte :** Catherine de Duve
**Collaboration à l'édition :** Aurore t'Kint, Isabelle Gérard et Véronique Lux
**Conception et réalisation :** Kate'Art Editions

**Crédits photographiques :**
Pablo Picasso : **Paris :** Musée Picasso : *La Chèvre (Esmeralda),* 1950 : couverture, p. 10, p. 23, p. 26 - *Nature morte à la chaise cannée,* 1912 : p. 16 (détail), p. 17- *Deux femmes courant sur la plage (La course),* 1922 : p. 20 - *Tête de taureau* (selle et guidon de bicyclette), 1942 : p. 26 - *Plat espagnol,* 1957 : p. 27 - *Le Matador,* 1971 : p. 30 | Centre Georges Pompidou, Musée national d'art moderne : *Le guitariste,* 1910 : p. 14 | **Madrid :** Museo Nacional Centro de Arte Reina Sofia : *Guernica,* 1937 : couverture, p. 22-23 | **Barcelone** : Museo Picasso : *La Première Communion,* 1895-1896 : p. 4 - *Les Ménines,* d'après Velázquez, 1957 : p. 28, p. 29 (détails) | **Washington, D.C. :** National Gallery of Art : *Les Pauvres au bord de la mer,* 1903 : p. 7- *Les Bateleurs (Famille de saltimbanques),* 1905 : p. 9 | **New York :** Museum of Modern Art (MoMA) : *Les Demoiselles d'Avignon,* 1907 : couverture, p. 10 (détails), p. 11, p. 12 - *Guitare,* 1914 : couverture, p. 14 - *Ma Jolie,* 1911-1912 : p. 15 - *Arlequin,* 1915 : couverture, p. 18 - *Les Trois Musiciens,* 1921 : couverture, p. 19 | **Londres :** Tate Modern : *Les Trois Danseuses,* 1925 : p. 21 | **Lucerne :** Collection Rosengart : *Fillette au bateau (Maya Picasso),* 1938 : couverture (détail), p. 24 (détails), p. 25 | **Prague :** Narodni Galerie : *Autoportrait,* 1907 : p. 1, p. 4 | **Chicago :** Art Institute : *Portrait de D.H. Kanhweiler,* 1910 : p. 12 (détails), p. 13 | **Collection privée :** *Assiette tête de chèvre de profil,* 1950 : p. 27 - *Vase anthropomorphique,* 1952 : p. 27

**Photographies :** *Picasso à Paris,* 1904 : p. 2, p. 5 - *Picasso peignant* : p. 27- ©Arnold Newman : *Picasso, Vallauris,* 1954 : p. 31



**Autres : Paris :** Musée d'Orsay : Cézanne : *Les joueurs de cartes,* 1890: p. 5 - Degas : *Arlequin et Colombine,* vers 1886-1890 : p. 5 | Toulouse-Lautrec : **Collection privée :** Affiche Moulin Rouge, *La Goulue,* 1891 : p. 5 | *Le Greco :* **Toledo :** Museo Del Greco : *Saint Jacques Le Majeur,* vers 1610-1614 : p. 7 | *Velázquez :* **Madrid :** Museo Nacional del Prado : *Les Ménines,* 1656: p. 29 | **Archives :** Le Grand Palais, v.1900 : p. 2 - *Les frères Lumière : Auguste (1862-1954) et Louis (1864-1948)* : p. 2 - *La tour Eiffel et le globe céleste à l'exposition universelle Paris 1900 :* p. 2 - *Carte postale Le palais de la « Fée électricité »,* 1900 : p. 3 - *Entrée du Métropolitain, Paris,* v.1900 : p. 3 - © Nimbus : *Masque africain, Punu, Gabon* : p. 3

**Remerciements à :** Christine Pinault, Administration Picasso, Aurore t'Kint, Isabelle Gérard, Véronique Lux, Stuart Forward, Daniel de Duve et toutes les personnes qui ont participé à la réalisation de cet ouvrage.

**Les ouvrages de Kate'Art Editions sont disponibles en français, anglais, néerlandais, allemand, italien, espagnol, russe, danois, japonais et chinois.**

**Visitez notre boutique en ligne :**

**www.kateart.com**